Reprint Publishing

FÜR MENSCHEN, DIE AUF ORIGINALE STEHEN.

www.reprintpublishing.com

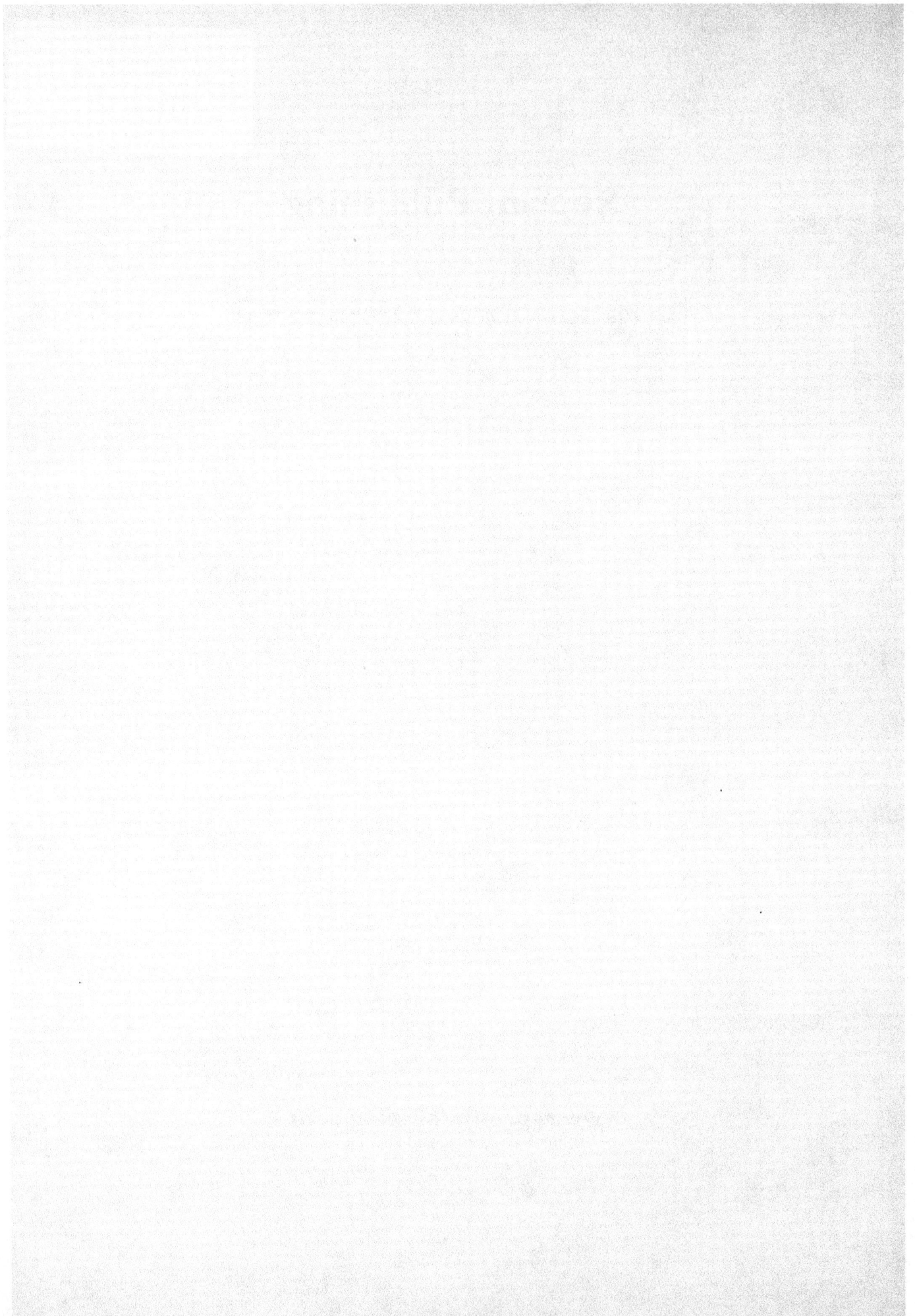

Mikro-Photographien

nach

botanischen Präparaten

von

A. de Bary

Professor an der Universität Strassburg

photographisch aufgenommen in der mikro-photographischen Anstalt

von **Jul. Grimm** in **Offenburg** (Baden).

———— ∝ ————

I. Heft.

———— ∝ ————

1. **Peronospora Chlorae.** Conidienträger hervortretend aus Spalt-öffnungen der Blatt-Unterfläche von Chlora serotina. Conidien abgefallen.

2. **Peronospora densa.** Conidienträger mit ansitzenden Conidien, auf der Blatt-Unterfläche von Rhinanthus Alectorolophus.

3. **Peronospora viticola.** Isolirter Conidienträger.

4. **Erysiphe communis,** von Trifolium medium. Reife Perithecien.

5. **Podosphaera myrtillina,** von Vaccinium Myrtillus. Desgleichen.

6. **Erysiphe Mougeotii,** von Lycium. Desgleichen.

7. Blattquerschnitt von **Welwitschia mirabilis.**

8. **Psoralea bituminosa.** Letzte Gefässbündelverzweigungen in dem Blatt. Dieses ist durch Maceration durchsichtig; nur die spitzen Haare der Oberfläche sind in dem Präparat noch sichtbar.

9. **Euphorbia Lathyris.** Stengel-Querschnitt. Der Inhalt der Milchsaftröhren in der Rinde ist schwarz.

10. **Scorzonera hispanica.** Längsschnitt durch den secundären Bast der Wurzel. Milchsaftröhren.

1

2

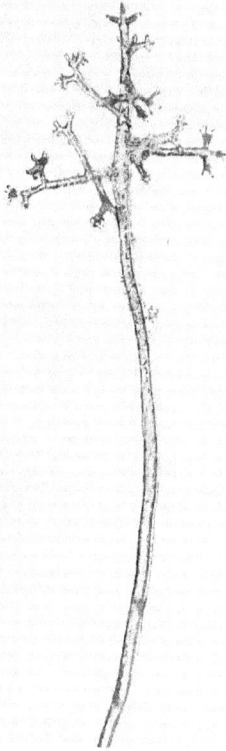

3

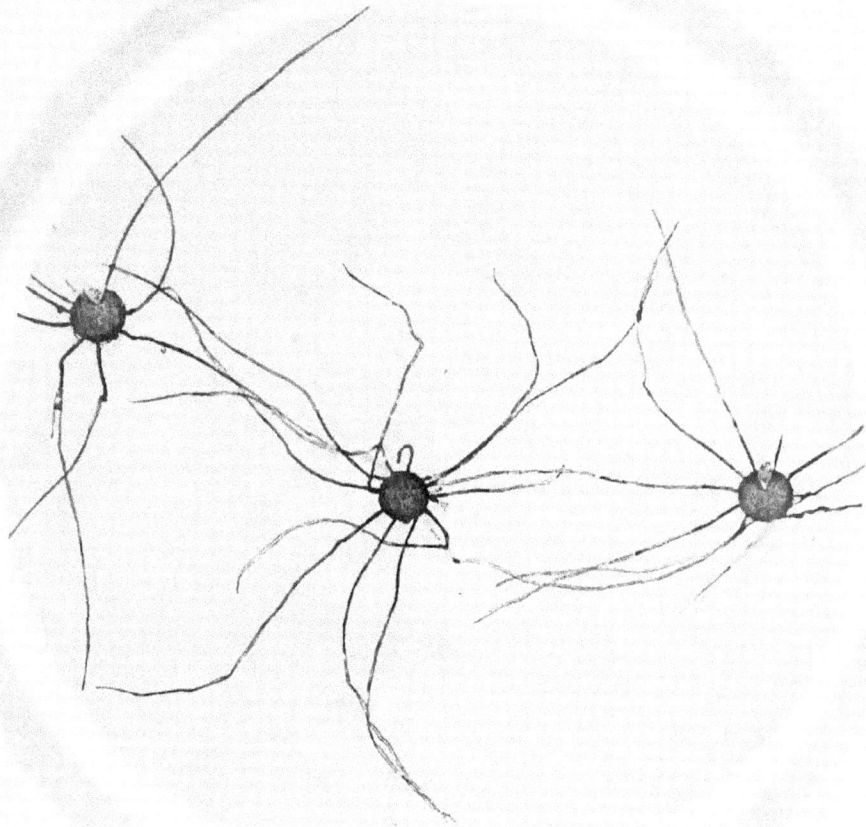

4.

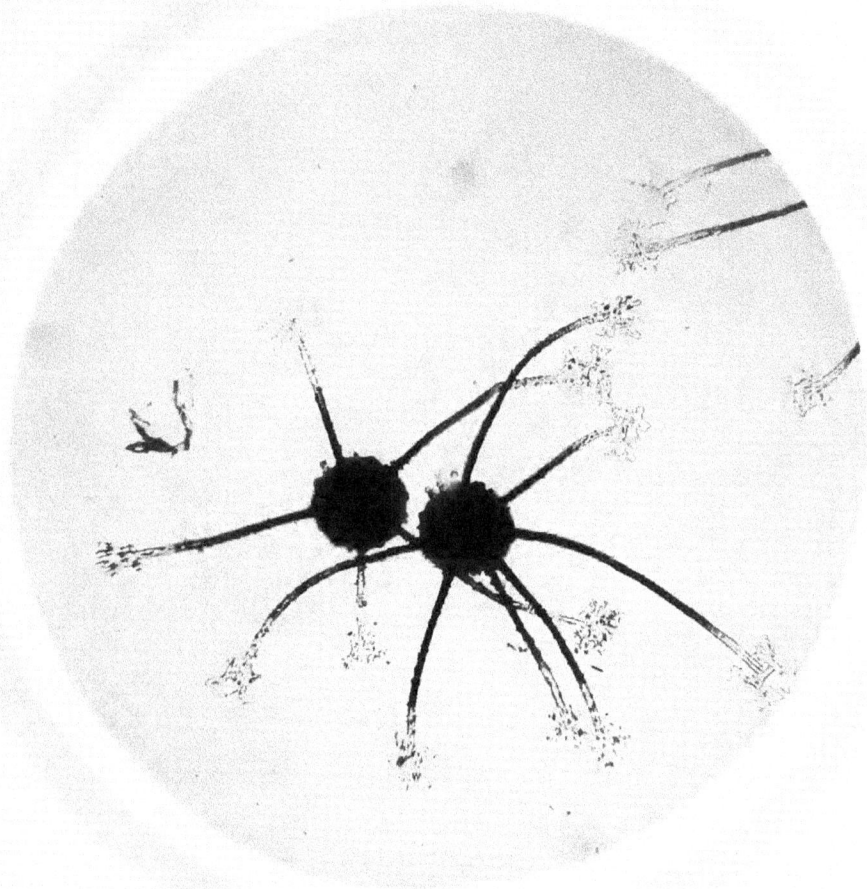

5

6

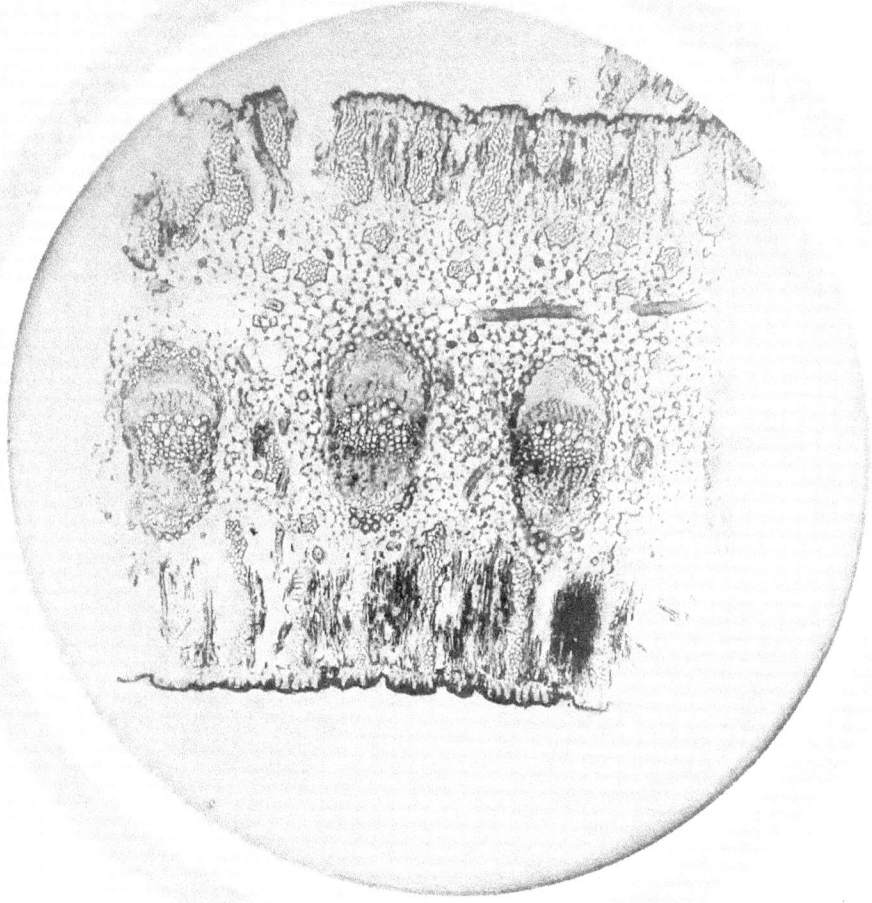

7

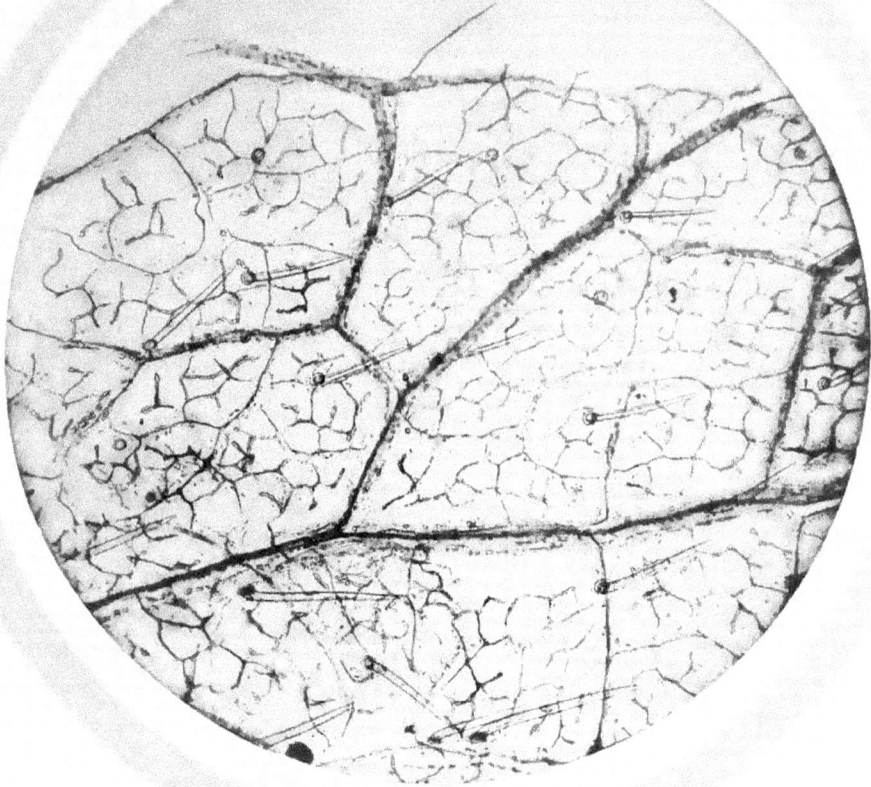

8

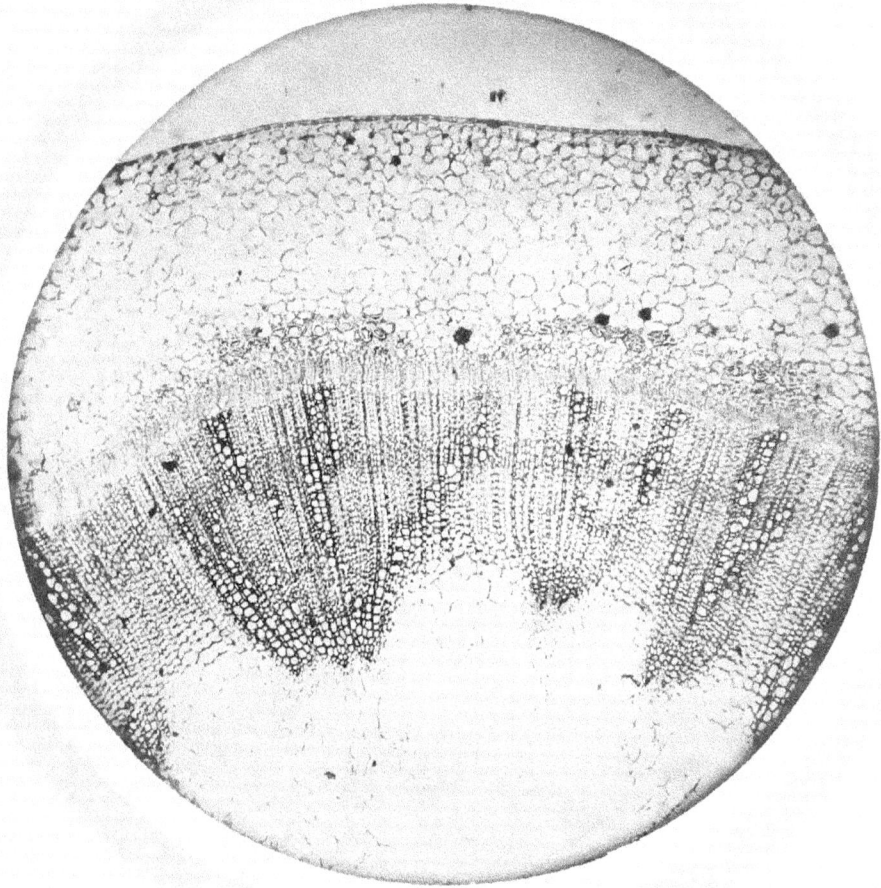

9

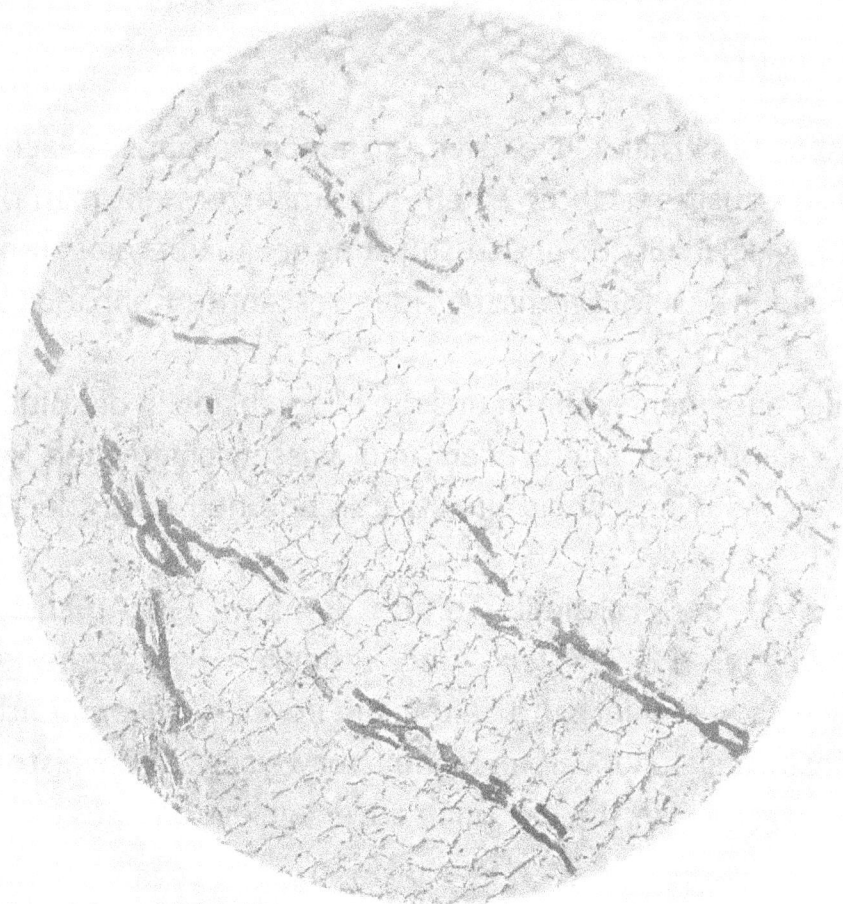

10

www.ingramcontent.com/pod-product-compliance
Lightning Source LLC
Chambersburg PA
CBHW081423270326
41931CB00015B/3387